ESTRELL

LUIS SUÁREZ

BRIANNA BATTISTA

TRADUCIDO POR ALBERTO JIMÉNEZ

PowerKiDS press

New York

Published in 2019 by The Rosen Publishing Group, Inc.
29 East 21st Street, New York, NY 10010

First Edition

Translator: Alberto Jiménez
Editor, Spanish: Natzi Vilchis
Book Design: Michael Flynn

Photo Credits: Cover (Suárez), p. 1 Sandro Pereyra/LatinContent WO/Getty Images; cover (stadium background) winui/Shutterstock.com; cover (player glow) Nejron Photo/Shutterstock.com; pp. 3, 23, 24 (background) Narong Jongsirikul/Shutterstock.com; pp. 4, 6–8, 10, 12, 14, 16–18, 20, 22 (ball background) DRN Studio/Shutterstock.com; p. 4 Alexander Mak/Shutterstock.com; p. 5 CosminIftode/Shutterstock.com; p. 6 MIGUEL ROJO/AFP/Getty Images; p. 7 byvalet/Shutterstock.com; p. 9 John Powell/Liverpool FC/Getty Images; p. 11 Fotonoticias MDB/WireImage/Getty Image; p. 13 Marcelo Hernandez/AP Images; pp. 15, 16 VI-Images/Getty Images Sport/Getty Images; p. 17 Maxisport/Shutterstock.com; p. 19 BEN STANSALL/AFP/Getty Images; p. 21 Miguel Ruiz/FC Barcelona/Getty Images; p. 22 Power Sport Images/Getty Images Sport/Getty Images.

Library of Congress Cataloging-in-Publication Data

Names: Battista, Brianna, author.
Title: Luis Suárez / Brianna Battista.
Description: New York : PowerKids Press, [2019] | Series: Estrellas del fútbol | Includes index.
Identifiers: LCCN 2018023511| ISBN 9781538348352 (library bound) | ISBN 9781538348840 (paperback) | ISBN 9781538348963 (6 pack)
Subjects: LCSH: Suárez, Luis, 1987–Juvenile literature. | Soccer players–Uruguay–Biography–Juvenile literature.
Classification: LCC GV942.7.S83 B37 2019 | DDC 796.334092 [B] -dc23
LC record available at https://lccn.loc.gov/2018023511

Manufactured in the United States of America

CPSIA Compliance Information: Batch #CWPK19 For Further Information contact Rosen Publishing, New York, New York at 1-800-237-9932

CONTENIDO

EL ESFUERZO TIENE SU RECOMPENSA

¿Te gusta el fútbol? Tal vez juegas en un equipo de la escuela, ves partidos en la televisión, o simplemente te gusta patear la pelota. El fútbol, como se le conoce en la mayoría de los países, es uno de los deportes más populares del mundo. ¿Has oído hablar de Luis Suárez? ¡Es uno de los mejores jugadores del mundo!

Aunque Suárez tuvo una infancia difícil, trabajó muy duro para convertirse en un jugador muy bueno. Conocer acerca de los muchos éxitos de Suárez es una buena manera de aprender lo que puede suceder cuando se persiguen los sueños.

HOY, SUÁREZ JUEGA COMO DELANTERO EN EL FC BARCELONA. SIGNIFICA QUE ESTÁ CERCA DE LA META DEL EQUIPO CONTRARIO. AL FC BARCELONA TAMBIÉN SE LE CONOCE COMO BARCELONA O *EL BARÇA*.

COMIENZOS EN EL PUEBLO

Luis Alberto Suárez Díaz nació el 24 de enero de 1987 en Salto, Uruguay, a unos 500 km al noroeste de Montevideo, la capital del país. Fue el cuarto de siete hijos. Cuando tenía siete años, Suárez y su familia se mudaron a Montevideo porque no había suficiente trabajo en Salto.

ESTA ES LA CASA EN LA QUE SUÁREZ VIVIÓ ANTES DE IRSE A MONTEVIDEO. CUANDO SE FUE DE SALTO, ECHABA DE MENOS JUGAR AL FÚTBOL EN EL CÉSPED.

Suárez no quería dejar su ciudad natal. Cuando su familia se fue a Montevideo, se quedó con su abuela durante un mes. Finalmente dejó Salto y tuvo que ir a una nueva escuela. Le costó mucho adaptarse a su nueva vida y con los niños de Montevideo, pues algunos se burlaban de su forma de hablar.

PROBLEMAS FAMILIARES

Aunque a Suárez le tomó algún tiempo acostumbrarse a su nueva vida en Montevideo, hizo amigos cercanos a través del fútbol. Incluso tenía una relación muy cercana con los padres de sus amigos. Con frecuencia iban juntos a los partidos de fútbol.

Sin embargo, cuando Suárez tenía nueve años, se enfrentó a otro **desafío**. Su madre y su padre se separaron; entonces su madre tuvo que criar sola a sus siete hijos. La separación de los padres de Suárez afectó mucho a su vida. Desde los 12 hasta los 14 años, no quería entrenar, no quería estudiar y solo quería jugar al fútbol. En esos años acumuló mucha ira.

LA DECISIÓN DE SUÁREZ DE NO ESFORZARSE CASI TERMINA SU **CARRERA** FUTBOLÍSTICA. SI HUBIERA SEGUIDO **REBELÁNDOSE**, NO SERÍA EL FUTBOLISTA QUE ES HOY.

adidas
7

MOMENTO DECISIVO

Cuando Suárez tenía 14 años, el Club Nacional de Football lo seleccionó para jugar en su equipo. Sin embargo, como su conducta no era buena, los entrenadores de Suárez decidieron excluirlo del equipo. Wilson Pírez, uno de los dirigentes del club, pidió a los entrenadores que le dieran otra oportunidad. Wilson le dijo a Suárez que debía entrenar como sus compañeros de equipo o no volvería a ser elegido para jugar.

Esta era su última oportunidad. Suárez sabía que, si se convertía en un jugador famoso, ganaría suficiente dinero para cuidar de su familia. La idea de poder ayudar a su familia **inspiró** a Suárez para mejorar su conducta.

CUANDO SUÁREZ TENÍA 15 AÑOS, CONOCIÓ A SOFÍA BALBI, DE 12 AÑOS. BALBI AYUDÓ A SUÁREZ A TOMAR MEJORES DECISIONES. COMENZÓ A IR A LA ESCUELA REGULARMENTE Y A SEGUIR UNA RUTINA.

SOFÍA BALBI

¡SUÁREZ DESPEGA!

Con su nueva **actitud**, Suárez comenzó a estudiar y practicar más. El 3 de mayo de 2005, Suárez hizo su debut, o primera aparición pública, jugando en el primer equipo del Nacional contra el Junior de Barranquilla en la Copa Libertadores. En septiembre de 2005, marcó su primer **gol** en la selección **sénior** o de mayores.

Justo cuando la **carrera** de Suárez comenzó a despegar, Sofía le dijo que su familia se tenía que mudar a Barcelona, España. Suárez tuvo que entrenar aún más duro y jugar mucho mejor para poder fichar por un equipo europeo y estar más cerca de Sofía.

EL PODER DE UNA ESTRELLA

¡Suárez es **persistente**! Ha dicho: "Si un movimiento no me sale bien, quiero seguir intentándolo, intentándolo e intentándolo. De verdad, de verdad, de verdad quiero anotar. Y supongo que en la vida es lo mismo para mí".

SUÁREZ TRABAJÓ CON DETERMINACIÓN PARA SER MEJOR. AYUDÓ AL NACIONAL A GANAR EL **CAMPEONATO** URUGUAYO DE PRIMERA DIVISIÓN 2005-2006.

JUGAR POR AMOR

Durante dos años, Suárez jugó tan duro como pudo. Tenía tantas ganas de llegar a Europa que a menudo se enfadaba cuando fallaba en los goles. Su entrenador, Martín Lasarte, se dio cuenta de que Suárez estaba pasando por un momento difícil y le dijo: "Luis, tengo fe en ti. Mantén la calma y las cosas terminarán por salir como tú quieres. No escuches a la gente. No escuches lo que te digan".

Suárez se relajó y jugó mejor. Los reclutadores del Groningen, un equipo de Holanda, lo vieron jugar y le dijeron que querían ficharlo. Sofía se fue a vivir con él a Groningen. Suárez tenía 19 años y Sofía, 16.

EL PODER DE UNA ESTRELLA

Suárez no lo pasó bien cuando se mudó a Groningen. No hablaba holandés ni inglés. No estaba en forma y necesitaba tiempo para acostumbrarse a cómo jugaban los holandeses. Le preocupaba haber tomado la decisión equivocada.

EN HOLANDA, SUÁREZ TUVO QUE ESFORZARSE MUCHO PARA CONVERTIRSE EN UN BUEN JUGADOR. EN SU PRIMERA TEMPORADA CON EL GRONINGEN, SUÁREZ ANOTÓ 15 GOLES Y JUGÓ 37 PARTIDOS.

COMPRAR Y VENDER

Suárez solo jugó con el Groningen durante la temporada 2006-2007. El Ajax, otro equipo holandés, estaba interesado en él. El Groningen decidió no venderlo al Ajax por 3.5 millones de euros (unos 4.2 millones de dólares). Suárez presentó su caso ante la Real Federación Holandesa de Fútbol, pero fallaron en su contra.

MIENTRAS JUGABA PARA EL GRONINGEN Y EL AJAX, SUÁREZ TODAVÍA TENÍA PROBLEMAS PARA CONTROLAR SU IRA. RECIBIÓ VARIAS TARJETAS AMARILLAS POR MALA CONDUCTA. INCLUSO FUE **SUSPENDIDO** Y MULTADO.

El 10 de agosto de 2007, el Ajax ofreció al Groningen 7.5 millones de euros (unos 8.9 millones de dólares) por Suárez. El Groningen aceptó la oferta y Suárez firmó un **contrato** de cinco años con el Ajax.

Durante su etapa en el Ajax de Ámsterdam, Suárez fue nombrado Jugador del Año del Ajax por dos años consecutivos y Jugador Holandés del Año de la temporada 2009-2010.

EL PODER DE UNA ESTRELLA

En 2007 Suárez fue convocado para jugar en el equipo sub-20 uruguayo. Más tarde, ese mismo año, fue llamado a la selección absoluta o de mayores. Jugó en 19 partidos de 20 y anotó cinco goles durante el torneo de clasificación para la Copa Mundial de la FIFA 2010 y las eliminatorias interconfederativas.

Mientras estuvo sancionado siete partidos por lesionar a un jugador contrario, otros equipos mostraron su interés en ficharlo. El 28 de enero de 2011, el Liverpool compró a Suárez por 26.5 millones de euros (unos 31.4 millones de dólares). El 31 de enero de 2011, Suárez firmó un contrato de cinco años y medio con el Liverpool. Mientras jugaba para el Ajax, Suárez anotó 111 goles, jugó 159 partidos y fue el máximo goleador de la Eredivisie.

Durante el tiempo que jugó para el Liverpool, ayudó al equipo a ganar la Copa de la Liga 2011-2012, el Liverpool fue nombrado Equipo del Año de la PFA (Asociación de Futbolistas Profesionales), hizo más de 100 apariciones en la *Premier League* y ganó el premio Jugador del Año de la PFA.

EL PODER DE UNA ESTRELLA

En su última temporada con el Liverpool, ¡Suárez anotó 31 goles en 33 partidos! Con Cristiano Ronaldo, delantero del Real Madrid en aquel momento, empató por la Bota de Oro Europea, que se concede al máximo goleador de todas las ligas europeas de esa temporada.

MIENTRAS JUGABA PARA EL LIVERPOOL, SUÁREZ CONTINUÓ JUGANDO PARA LA SELECCIÓN URUGUAYA. DURANTE LA COPA MUNDIAL DE LA FIFA 2014, SUÁREZ MARCÓ SU GOL **INTERNACIONAL** NÚMERO 40 EN UN PARTIDO CONTRA INGLATERRA.

NUEVAS ALTURAS EN BARCELONA

El Barça firmó con Suárez por 82.3 millones de euros (unos 97.5 millones de dólares). No se le permitió comenzar a jugar de inmediato porque fue suspendido por lesionar a un jugador contrario. Jugó su primer partido con el Barça el 18 de agosto de 2014, contra el Club León.

En las primeras cuatro temporadas con el Barça, Suárez ayudó al equipo a ganar la Copa Mundial de Clubes de la FIFA 2015, la Liga de Campeones de la UEFA 2014-2015, la Supercopa de España 2016 y la Supercopa de Europa 2015. Ganó el Balón de Oro de la Copa Mundial de Clubes de la FIFA 2015, el Pichichi (al máximo goleador de la Liga española), el premio europeo la Bota de Oro, entre otros.

EL PODER DE UNA ESTRELLA

Suárez y sus compañeros Lionel Messi y Neymar ("MSN") ayudaron al Barcelona a ganar muchos partidos, premios y títulos. Durante tres temporadas consecutivas el trío ofensivo marcó más de un centenar de goles.

SUÁREZ, MESSI Y NEYMAR SON AMIGOS DENTRO Y FUERA DEL CAMPO. LOS HIJOS DE MESSI Y SUÁREZ SON AMIGOS Y VAN A LA MISMA ESCUELA.

ENAMORADO Y LUCHADOR

Suárez es un futbolista inspirador. Tiene mucha energía, es muy bueno anotando goles, ¡y puede patear con los dos pies! Aunque tuvo una infancia difícil, venció las adversidades para convertirse en un campeón del fútbol.

Hoy, Suárez equilibra ser una estrella del fútbol con ser un hombre de familia. En 2009, Suárez se casó con Sofía Balbi. Su hija, Delfina, nació el 5 de agosto de 2010, y su hijo, Benjamín, el 26 de septiembre de 2013.

Suárez no es una persona perfecta. Todavía lo suspenden por **mala conducta** en el campo. Sin embargo, al final, Suárez ama el fútbol y se esfuerza mucho para llevar a su equipo a la **victoria**.

GLOSARIO

actitud: forma de sentir o pensar que afecta el comportamiento de una persona.

campeonato: concurso para decidir quién es el mejor jugador o equipo en un deporte.

carrera: un período de tiempo dedicado a hacer un trabajo o actividad.

contrato: acuerdo legal entre personas, empresas y otros grupos.

desafío: algo que es difícil de hacer.

gol: anotación de uno o más puntos al patear e introducir un balón dentro de la portería.

inspirar: motivar a alguien a hacer algo grande.

internacional: que ocurre entre naciones.

mala conducta: ignorar normas o quebrantarlas deliberadamente.

persistente: continuar haciendo algo a pesar de que es difícil, o que otras personas quieran que dejes de hacerlo.

rebelde: quien lucha contra la autoridad.

sénior: rango más alto que otra persona o equipo en la misma posición.

suspender: forzar a alguien para que deje de hacer algo, generalmente por un período corto de tiempo, como una forma de castigo.

victoria: éxito en derrotar a un oponente.

ÍNDICE

SITIOS DE INTERNET

Debido a que los enlaces de Internet cambian constantemente, PowerKids Press ha creado una lista de sitios de Internet relacionados con el tema de este libro. Este sitio se actualiza con regularidad. Por favor, utiliza este enlace para acceder a la lista: www.powerkidslinks.com/socstars/suarez